푸른 달의 시선

시와문화 시집 048

푸른 달의 시선

고우리 시집

시와문화

■시인의 말

고통이 시를 낳는다면
지금까지는 엄살에 불과했다

밤이면 고통에 몸부림치고
다시는 시를 쓰지 않겠다던 아침이
부득부득 왔지만
나의 시는 어디 있을까
또 하루를 뒤적인다

삶을 헤집어 시를 찾는 밤마다
눈앞에 별이 뜨듯 불면증이 반갑다
반짝이는 시, 반짝이는 시간
더디 오는 아침도 제법 괜찮은 것 같다

가을이 슬픔보다 깊다

2020년 가을 고우리

차 례

■ 시인의 말

1부 내 안에 가우디가 산다

addiction _ 12
그림자 그림 _ 13
내 안에 가우디가 산다 _ 14
맹그로브 숲에서 _ 15
사이비 _ 16
스카이 포인팅 _ 18
심리 방역 _ 20
어느 모임 _ 22
부정출혈 _ 24
곤충의 눈 _ 25
사랑의 묘약 _ 26
영수증을 찢으며 _ 27
흔들리는 시간 _ 28

2부 주저앉아 쓴 시

고구마줄기 뒤집기 _ 29
간월암에서 _ 32
거리 두기 _ 33
마유목 _ 34
주저앉아 쓴 시 _ 35
고장난 것들의 정처 _ 36
네모난 하늘 _ 38
고양이의 질주를 보았다 _ 39
마스크 대란 - 2020년 2월 _ 40
길 위에서 _ 42
푸른 기억을 읽는다 _ 44
바람이 되어 _ 46

3부 ㅈㅇ ㅈㅅㅅㄷ

경우의 수 _ 48
대화를 사칭하는 소리 _ 49
땅 멀미 _ 50
서산마애여래삼존불상 _ 51
세 번 끓인 미역국 _ 52
캔커피 예찬 _ 53
꿈속에서 _ 54
울타리 _ 56
습관 _ 58
이륙 이후 _ 59
ㅈㅇ ㅈㅅㅅㄷ _ 60
화이트머스크 향 눈물 _ 62
해변에서 _ 63
화상 _ 64

4부 꽃이 피는 자세

자원이 유붕방래하니 _ 66
시작은 다크그레이 _ 68
안내양이 돌아왔다 _ 70
줄무늬 벽지 _ 71
꽃이 피는 자세 _ 72
꿈의 습작 _ 73
슬픔이 밀려올 때 _74
대나무 꽃이 피었습니다 _ 76
새로 쓰는 행운의 편지 _ 77
맛동산 파티 _ 78
마지막 수마트라코뿔소 _ 80

■**해설** – 삶의 줄다리기,
자유의 매듭으로 생명을 품다/ 이오우 _ 81

1부

내 안에 가우디가 산다

addiction

닥나무 껍질 같은 내성이 생긴 것 같다
처음의 두근거림은 전혀 없고
온몸의 솜털이 보스스 일어나던 간지러움도 없다

순간에 중독된다는 것은
순식간에 잊는다는 것은 아닌지

holic을 넘어선 욕망의 과잉

심장 박동 수를 떨어뜨리지 않으려는 일상의 강박이
혼자서는 똑바로 서지 못하게 한다
게슴츠레한 눈을 흘끔거리기도 하면서
약효를 착각하고 처방전을 의심하면서
이 약이 진통제인가 중화제인가
그때 나를 중독시킨 약이었나

약의 이름 따위 중요하지 않은 지 오래지만

쌀 한 톨만 한 약에 맡기기로 한 마음이 자꾸 버석거리는데

그림자 그림

그림자를 그리는 일이라니
얼마나 설레는 일인가!

화가는 제 키보다 큰 나무를 그리고
나무보다 더 큰 그림자를 그렸다

커다란 나무 아래에서 한참을 두리번거리던
두루미 성큼성큼 걸어 들어갔다
그림자 속으로, 속으로

보기보다 탄탄하고 가느다란 다리가
망설임 없이 그림자에 스며들었다
나무 아래 선 두루미는 서서히 눈을 감았다

나무 그림자를 베고
나무 그림자가 되어

내 안에 가우디가 산다

나를 깨뜨렸다
완전하다고 믿어온
완전하다고 믿고 싶었던 것들이
산산이 부서져
조각조각 길 위에 흩어졌다

쪼그리고 앉아 나뒹구는 것들에 손을 내민다
크기도 모양도 똑같은 것은 하나도 없이
산산조각 난 나의 시간들을 어루만진다
내동댕이쳐진 것들을 끌어와 접착제를 바른다
모으고 붙여 세운 기둥이 단단하다
부서진 꿈의 조각들이 쌓아 올린 모자이크 도시
어쩌면 태초에는 한 덩어리가 아니었을까
숨결에도 흩날리는 나의 부스러기들
착시인가 예술인가 천재적 삶의 흔적인가
삶을 쪼개고 부수어 남긴 신의 건축물인가

흐려진 시간의 조각들을 자세히 보려고(보고 싶다)

가슴 속에서 가우디를 불러낸다(불러내야겠다)

맹그로브 숲에서

푸른 달의 시선을 따라가니
반짝, 불들이 살아 대답하는 맹그로브 숲
짠내 배지 않은 이라완강 바람이 손잡는다
고개 돌리기 바쁜 단체 관광객
그들을 둘러싼 숲에서 한눈팔 틈이 없다
달빛이 사뿐히 내려앉은 맹그로브 잎이
하나하나 정성껏 빛을 머금어 품고 있다
물속 깊이 뿌리내린 나무들 서로 부둥켜안고
달빛을 흔들어 생사를 알린다

전조등도 없이 움직이는 맹그로브 숲 행 방카
옹기종기 모여 앉은 각기 다른 언어를 쓰는 사람들
달빛 우거진 맹그로브 숲에서
숨죽인 생명수 잠잠히 뿌리를 움켜쥔다
한 치 앞도 보이지 않는 검은 물속
숨죽인 어깨 위에 달빛이 스친다

빛나는 어디 한 곳 한가한 생이 없다

사이비

쌀뜨물을 받으려는데
희뿌연 뜨물이 손을 멈춰 세운다
쌀 색이 조금 진한 것 같기도 하고
쌀눈도 어딘가 다른 것 같다
자세히 들여다보니 조그만 쌀알에 줄무늬
쌀 곰팡이 꽃 만개했다
바이러스에 패이고 병든 작은 몸뚱이가
사람의 수명을 쥐었다 펴는 결정권을 가졌다니
며칠 사이 피폐해진 집안 분위기가
쌀로부터 비롯되었다니

지금껏 쌀을 의심해 본 적이 없다
먹고 사는 과정에서 자연스럽게 생략된 의심
교환도 환불도 필요 없는
맹목적인 믿음의 결과가 종량제 봉투에 쏟아졌다
분열된 곰팡이들이 연기처럼 날아오른다
서둘러, 그리고 단단히 봉투를 묶는다

두 장의 쓰레기봉투에 봉인된 헛된 믿음
결국 아무것도 아니었던 거짓 가득한 허무

낑낑대며 200인 분의 한 끼를 내다버렸다
끼니는 해결해야 하기에 다시 쌀을 사 올 테지만
세상의 모든 밥을 의심할 것 같다

스카이 포인팅

펭귄만 사는 섬이 있다
펭귄들의 영역에 침범한 인간은
가끔 바람인 척, 물결인 척
위장을 하고 허락도 없이 정박한다

섬에는 예고 없는 소리가 울려 퍼진다
한 마리 펭귄이 하늘을 향해 울부짖으면
암묵적 동의가 있었던 것처럼 울음 번진다
먹이를 구하러 바다로 나간 짝을 부르는 애절이
섬을 뒤덮는다
나는 여기에 있겠다고 잊지 말고 꼭 돌아오라고
짝을 향한 부탁이 파도를 넘어 번진다

그러니까 저 울음은
허기와 외로움을 한꺼번에 토해내는 절규인데

저 펭귄들에게도 짝이 있고 새끼가 있는 것처럼
그것들을 돌보는 보이지 않는 손이 있을 것이다

찬 바다를 헤매다 돌아오는 수컷들이

제 짝을 찾아가는 것은 놀라운 일도 아니다

*sky pointing ; 바다에 나가 있는 짝에게 돌아오라고 보내는 펭귄의 음성 신호. 하늘을 향해 부리를 치켜세우고 소리친다.

심리 방역

매 순간 이별을 준비한다
땅이 갈라지고 하늘이 쪼개져도 놀라지 말아야지
모든 이별은 다 뜻밖이니까

떠나고 홀로 남은 자리에서 외로움을 모르게
신나는 음악을 틀어야지
Dancing Queen을 흥얼거리며 춤을 출지도 몰라
함께 웃었던 사진늘은 따로 모아누길 잘했다
반짝이는 추억들 손에 꽉 쥐고 놓지 말아야지
매일 꺼내 쓰다듬으며 가끔은 깔깔거릴지도 몰라
불쑥 찾아가지는 않을게
면허를 따지 않길 잘했다고 내가 나를 칭찬하며
만날 수 없어도 괜찮다며 내가 나를 위로할게

불 꺼진 방 한구석에서
두 무릎을 끌어안고 쪼그려 앉아 울겠지만
울부짖다 울부짖다 구겨진 가슴을 쥐어뜯고
 눈물도 마른 눈동자에 비집고 들어오는 태양을 원망하며
 갈라진 입술 틈에서 신음이 새어 나와도

천애고아가 된 나는, 앞으로 더 외로울 테지만
그래도 나는 괜찮을 수 있을게, 괜찮아볼게

이별을 연습하면서 자꾸 넘어지네

어느 모임
-COA project

눈부신 봄날 꽃밭 위를 뒹굴었다

나는 이름도 모르는 한 마리 작은 애벌레였는데
닿는 꽃마다 반짝이는 모습이 영 어울리질 않아

군중의 표정보다 섬세한 감정을 그리는 손
봄비 미금은 새싹들처럼 곧게 뻗어 나가는 모든 신들이 따뜻한 공간
애정 가득 담은 시선을 그대로 닮은 렌즈
떠난 자리를 다시 찾고 싶게 만드는 어느 하얀 벽
눈빛과 미소를 닮고 싶은 어른
위로를 주고받을 수 있을 것만 같은 눈빛
천천히 마주 앉아 대화를 나누고 싶은 목소리
때론 과분하게 맞아주는 목소리
이해할 수 없는 일들도 알 것 같은 일들로 바꿔버리는 친절
아무리 마셔도 취하지 않을 것 같은 향

낯선 꽃밭에서 나비가 되는 꿈을 꾼다

그들은 여전히 빛나고 따뜻하고 아름답다
나는 자꾸 봄을 닫는 연습을 했는데
그들은 계속해서 나에게 손짓한다

함께 뒹굴고 또 함께 날아보자고
어차피 봄은 다시 온다고

부정 출혈

나는, 언제든, 당연히,
붉게 필 수 있는 증거라고
시도 때도 없이 스스로 꽃을 피웠다고 착각하는 사이
철모르는 온실 속 꽃나무처럼
일방적인 믿음이 피었다 지고 있었다
검붉은 꽃잎이 한 잎 두 잎 떨어져
나로부터 멀어질 준비를 하고 있었다

예정에도 없이 흩날리던 꽃잎들
내게 스멀스멀 스미든 검은 봄
그것은 어쩌면 예고이거나 경고

"Mama, just killed a man"*
혹시 프레디 머큐리가
자신의 남성성을 잃고 부른 노래가 아닐까
그렇다면 나는
어떤 노래를 불러야 할까
오랜만에 엄마, 엄마 불러 볼까
가사가 생각나지 않는 노래가 목 안에 우글거리네

*Queen의 노래 Bohemian Rhapsody의 가사

곤충의 눈

당신에게만 보이는 이정표가 있다

눈꺼풀처럼 엷은 꽃잎들 사이사이
당신에게만 손짓하는 길이 있다

시선이 닿는 모든 곳에 길을 내어
꽃잎 사이에 숨겨둔 길을
살금살금 날아오라고

사람들 몰래 길 위에 향기 뿌리고
구름 그림자 살짝 덮어 두었다

당신은 꿀 따러 오기만 해요
눈 부릅뜨고 사방을 살피다가
거기 내가 있으면 눈 감은 척 날개 접어
잠깐 나를 읽다 가기를

사랑의 묘약*

마음의 병도 약을 먹어야 낫는다고
약병 세 개를 받아들고 섰는데
그나마 하얀색이어서 다행이야 발밑을 바라보는데
저만치서 그가 헐레벌떡 뛰어왔다
편의점 초콜릿을 종류별로 쓸어 담았나
묵직한 초콜릿 봉지를 손에 쥐어준다
달그락거리는 약병에
초콜릿 봉지가 바스락거리느라
오늘은 심장이 쿵쾅거릴 틈도 없겠다

하얀색이든 검정색이든
약효만 있다면 더할 나위 없겠지, 중얼거리는데
비싼 약이니 빼먹지 말고 챙겨 먹으라며
찡긋 감는 그의 눈을 보니
코가 시큰거린다

구겨진 처방전과
약값보다 비싼 초콜릿값 영수증이 흐릿하다
기침도 없이 콧물이 흐른다

*이탈리아 작곡가 G. 도니체티의 희가극

영수증을 찢으며

하루의 끝
시간을 정리하며 기억을 더듬어
오늘의 흔적들을 끄집어낸다
끌고 다녔거나 끌려다닌 하루치의 욕망
부정할 수 없는 물증이다

손가락이 저리도록 들고 다니던 봉투 속
세상에서 건져온 그것들 이미 흩어지고
텅 빈 것들만 가슴을 후비는데

어둠에 밀려 지워진 한낮의 욕심들
최선을 다했을 뿐이라고 웅얼거리는 내게
누가, 마음의 영수증을 발급해 주었으면

모래알처럼 흩어진 밤이 헐겁다

흔들리는 시간

바람은 멈춘 적이 없었다
파도는 밀려왔다 떠나갔고
나는 가끔 잠겨 있었다
바람은
때로는 따뜻하게 안아주었고
때로는 차갑게 돌아섰다
다시 바람이 오는 소리가 들려
내쉬는 숨에 물결이 일고
바람이 왔다 간 자리
물거품처럼 한숨이 잦아든다

떠나는 바람을 배웅하며
흔들리는 시간을 읽어본다

2부

주저앉아 쓴 시

고구마 줄기 뒤집기

아직 마르지 않은 땅이어야 한다고
비 그친 고구마 밭으로 나서는 여전사

엄마는 고구마 줄기를 들었다 놨다
흔들어 뽑아 버리기까지 했다
진짜배기 알맹이를 얻으려면 때론
생의 방향을 뒤집어줘야 한다고
생생한 초록이어도 과감히 뽑아 버려야 한다고
고구마 밭을 누비고 다니는 엄마
땀 뻘뻘 흘리며 고구마 밭을 헤집어놓는
엄마를 이해하는 일은 언제나 너무 어려운 일이라서
나는 밭고랑에 멀뚱히 서 있거나
엉덩이 반의반만 한 돌덩이 깔고 앉아 있는 게 전부
였다

마음 밭 한 도랑 초입 어느쯤에 서서
고구마 줄기처럼 뒤엉킨 삶의 중간에서
나를 뒤집어주는 신의 손길을 느낀다
고난이 나의 유익이 되리라는 걸, 당장은 모른다 해도

시간이 지나면, 시간만 잘 지나기만 한다면
단단하고 큰 열매를 맺는 자연의 섭리를
곰곰 살핀다

간월암에서

해 지는 수평선을 하루 종일 보라면
끈적끈적한 바닷바람도 괜찮을 텐데
선홍색 하늘은 천천히 눈을 감고
북적거리던 바닷가 절벽 작은 암자에
게으른 적막이 찾아왔다

태풍 소식에도 흔들릴 줄 모른다
수십 개의 주먹만 한 불상들
그 앞에 두 손 간절히 모았을
천 원짜리 소원을 옹기종기 깔고 앉은 작은 불상들
바닷바람을 고스란히 맞는다

말린 생선 비린내가 발아래 흥건한
간월암에서
꼬깃꼬깃한 천 원짜리 소원이 탑을 쌓는다

거리 두기

나이만큼씩 넓어지는 개인의 영역
벌어지는 우리의 거리가
늙은 시간을 설명한다

손 꼭 잡고, 꼭 껴안고,
이마를 맞대고 키스를 하던
바로 어제의 기억을 가지고
우린 조금씩 멀어지고 떨어진다

나는 조금씩 편안해진다
원래 그렇다더라, 당연한 거라더라
지는 꽃잎처럼 실없는 농담을 주고받으며
당신만큼 나도 중요하니까
나에게도 꼭 필요하니까

그렇게 멀어지는,
받아들이는 우리, 거리,

마유목*

발왕산 정상에 올라 마유목을 본다
같은 자리에서 나이 먹으며 마가목을 품은 야광목
제 덩치만큼 굵은 뿌리가 뒤엉켜있다
여자를 내려놓고 엄마를 선택한 것처럼
야광목은 마유목으로 살기로 했다

야광목이 마가목에게 의지하기로 마음먹은 건
마가목 뿌리가 열일곱 살 아들 종아리처럼 단단해질 무렵,
품에 안긴 어깨가 내 콧잔등보다 높아진 걸 발견할 때
언젠가 꽉 끌어안은 손이 나보다 두터워졌다는 걸 알고
잠깐 기대도 되지 않을까 기대하는 어미에게
자연의 힘으로 발동하는 마가목의 보호 본능일까

자식이 다 크면 울타리가 된다는데
부모님이 아프시면 고아가 될 걱정이 앞서는 철딱서니
자연의 위대함 앞에서 여전히 티끌만큼 작다

*한 몸통에서 야광목과 마가목 두 종류의 나무가 상생하는 나무

주저앉아 쓴 시

시가 점점 내 목을 조여와
내가 던져놓은 올가미
시, 를 당기는 팔에서 힘을 뺄 수 없어
봐, 쓰러진다니까,
숨이 막힌다니까,

숨을, 숨을, 쉬고 싶어
누가 내 숨통을 트여줄 수 있을까
주저앉아 찬 바닥을 더듬어
시를 찾아 기어나간다

다시, 앞으로
다, 시 앞으로

고장난 것들의 정처

도대체 이게 어디서 나왔나
날 선 것이 박힌 발바닥이 뜨끔했다
손톱만 한 플라스틱 조각을 손에 들고
온 집안을 다니며 퍼즐을 맞춘다

나만큼 나이 먹은 장난감, 다 쓴 볼펜
자꾸 치직거리는 스피커, 길거리에서 산 싸구려 팔찌
동전 몇 개 달그락거리는 작은 저금통
요즘엔 안 팔 것 같은 가격표 흐려진 천 원짜리 필통
플라스틱으로 만든 온갖 것들이
거실 한가운데에 차곡차곡 쌓여가는데
어쩌지, 회색 플라스틱 조각 하나 들어맞는 자리가
없다

빨래나 널어야겠다, 돌아서는데
회색 빨래건조대에서 삐걱삐걱 뼈대 흔들리는 소리
가 난다
건조한 시선으로 훑어보니
층층이 하나둘 손톱만 한 구멍이다
집안 곳곳에 플라스틱 조각 떨구며

구멍 숭숭 뚫린 몸이 되어가도록
가족의 무게를 버티고 있었나보다

나이든 빨래건조대를 물끄러미 쳐다보다가
쌓아두었던 고장난 것들을 다시 제자리에 가져다 두었다
아직은 더 쓸 만하다고 버릴 것이 하나 없다고
언제나 핑계는 있으니까

네모난 하늘

네모난 하늘을 보는 날이 많아졌다
저만큼이 다가 아닌 걸 알지만
보이는 만큼만 보기로 했다

강풍주의보가 된 꽃샘추위
나보다 나이든 창문 흔들리는 소리에
손목이 시큰거리네, 중얼거리다
내다본 하늘에는
바람이 할퀴고 간 구름이 풀어 헤쳐져
떠 있다, 떠 있다, 떠 있다

엘 칼라파테*에 가서
초속 30m 바람에 놀라 멈춰 선
구름을 만나고 와야지, 만져봐야지
중얼거리며 TV를 켠다, 다시
당분간 하늘은 온통 네모 모양일 거다

*El Calafate, 바람이 많이 부는 아르헨티나의 도시.

고양이의 질주를 보았다

코끝에 입김이 앉는 밤
검은 모자 눌러쓰고 무작정 길을 나섰다
열린 골목골목 멈추지 않고 걸어 나가는데
기어코 나를 길 위로 등 떠민
가슴 속 불길은 여전히 타오르는 중이어서
대충 걸쳐 입은 외투 가슴팍을 열어젖혀도
식지 않는 열기에 발길 서둘러 걸었다

자동차 경적에 놀란 숨소리가
입김보다 먼저 터져 나오는데
검은 고양이 한 마리 발끝을 스쳐갔다
화들짝 놀라 뒷걸음질 치는 나를
힐끗 쳐다보고 고양이는 저만치 달아났다

고요가 깨진 길고양이의 밤
낯선 침입자들을 피해
질주하는 고양이,
그 속도를 다 볼 수 없다

발화점을 찾지 못한 삶의 어중간에서
고양이의 질주를 본 건 행운이었다

마스크 대란 - 2020년 2월

적막이 흐르는 거리
발맞춰 행진하는 군홧발 소리도
전방 향해 외치는 함성 소리도 없는
전쟁의 서막이다
누가 적군이고 누가 아군인가
눈빛만으로 암호를 해독하고
잰걸음으로 대열에 합류한다

온 신경을 곤두세워 청각을 지원 사격해
재고량의 정보를 엿듣고
재빨리 표적을 바꾼다
뒤에 선 적군에게 들키지 않게
최대한 낮은 포복으로

총성 없는 전쟁은 얼마 걸리지 않는다
전리품을 손에 들고 돌아가는 승자들 틈에 내가 있다
부러움 가득한 시선에 실린 발 동동 구르는 소리를
남겨두고
전장을 떠난다
허리 꼿꼿이 세우고 패잔병들을 스쳐간다

축배를 들어야지 승전가를 불러야지

승리에 취하는 것도 잠시
삼일천하의 멸망이다
주민등록등본 가족관계증명서에 줄 세운
한 부대를 손에 꼭 쥐고
오늘도 슬그머니 마스크 대란에 참전한다

길 위에서

조조할인 반값 써 붙인 종이 위에
검정 잉크가 선명한 미용실
출입문 손잡이가 입을 꽉 다물고 있다
공복에 걸어온 길이 등 뒤에서 킬킬거린다
현기증을 끄집어내는 미용실의 직무 유기를 핑계 삼아
길 위를 떠다니기로 한다

부지런한 햇살이 뒤따르고
봄바람도 야금야금 따라붙는다
개성 강한 머리카락은 저마다 다른 길을 가겠다고
가닥가닥 뻗쳐나간다
눈치도 없지, 날씨는 왜 이리 좋아
욕을 해도 눈을 흘겨도 아침이어서 조금 더 걷는다

거리에 음식 냄새가 퍼지기 시작하고
슬슬 밥때가 되나보다
밥이나 먹어야지,
머리를 질끈 묶고 다시 걷는다

닫혔던 미용실 문이 열린다
열린 문이라고 아무 때나 들어가는 것은 아니다

푸른 기억을 읽는다

푸른 것들에게 기대선 나를 만난다

눈부시게 빛나던 시간들이

산산이 부서져 날아가고

푸른 기억이 조각조각 흩어진다

낙엽 바스라지는 소리가 발밑에서 울리고

이제, 그만 헤매기로 한다

멈춰선 길의 끝에 처음 보는 내가 있다

나의 전생이 나무였을까

오도 가도 못하는 나를 쓰다듬는 구름 그림자가 지나가고

금방 뭍으로 올라온 생선처럼

비릿한 풋내를 풍기는 기억들을

오래오래 읽기로 한다

바람이 되어

어느 날 갑자기 신께서
지난날은 모두 잊고 새로 태어나게 해 줄 테니
어떤 모습이든 하나만 고르라면

바람이 되고 싶다
바람이 되어
그대 삶 속에서 서성이고 싶다
보드라운 머리카락 한 올까지
지친 그대 발 쉬어가는 자리까지
그대 모든 순간을 껴안고 싶다
바라보는 어디에도 내가 있어
그대 삶을 통째로 품고

그대가
바라는 것만으로도 행복해진다면
충분하다고, 감사하다고
기꺼이 그대의 바람이 되리라

3부

ㅈㅇ ㅈㅅㅅㄷ

경우의 수

호기심 하나로 사온 씨앗 봉투 속
낯선 목숨을 쪼르륵 심어둔다

땅이 살짝 부푼 듯도 하고
갈라진 틈에서 싹이 보이는 것도 같고
어디선가 풀냄새가 날 것 같기도 한데

생사의 갈림길에서
대지의 선택을 받는 일이란
치열하고 간절한 바람을 넘어선
다른 어떤 영역의 일이라
땅을 파 확인하지는 않기로 한다

생명이 생명을 낳는 일도
죽음이 생명을 덮는 일도
모든 경우의 수를 열어둔 생사의 문제를
주관하는 이에게 온전히 맡기기를
다짐 또 다짐하며 분무기를 든다

대화를 사칭하는 소리

비어 있는 모든 시간을
목소리로 채울 필요는 없다
필사적으로 입술을 붙여두자
틈을 보이는 순간
바닥이 드러난다

대부분의 대화에 배려는 없다
상처는 누구의 몫인가
듣는 사람과 대화에 등장하는 사람
누구 하나 진심으로 웃을 수 없는,
긴 대화 내내
목적지를 잃은 목소리만 떠다닌다
한 사람의 입꼬리만 올라가는
소름 끼치도록 지루한 폭소

강풍에 돌멩이 굴러가는 소리
냅다 도망치는 경계심 강한 길고양이 발소리
옆 동네를 지나가는 사이렌 소리

시간마다 울리는 깨진 종소리를 듣겠다

땅 멀미

뱃사람들은 땅 멀미를 한다는데
파도에 익숙해진 두 발이 단단한 땅에 닿으면
온몸으로 낯설어한다는데

어린 시절 트램펄린 위에서 한참을 뛰면
아스팔트 깔린 땅을 밟고도 한동안은 방방 뛸 수 있었다
둘러싸는 것들 사이에서 덩그러니
내가 나비인가 나비가 나인가에 대하여
장자에게 되묻기를 반복하기도 했다
그렇게 흔들리고 방방 뛰다 보니
쇼윈도에 비친 나는 땅을 밟고 서 있었다

흔들리는 것에 익숙해져
낯선 단단함이 끌어오는 어지러움
그 속에서 다시 흔들리며
오늘은 두 발을 땅에 디뎌
정면을 똑바로 보기로 한다

내일 또 흔들릴 테지만

서산마애여래삼존불상

철마다 날마다 시마다
바람과 태양의 기분 따라 달리 보이는
불상의 얼굴과 표정
마주하는 사람의 심경을
대변하고 위로하고 때론 꾸짖으며
미리 대답부터 하는 불상

시시각각 변하는 건 얼굴만이 아니어서
돌에도 나무에도 머무는 손길이 다르고
웃음 속에 들어있던 울음을 들키기도 한다

세 번 끓인 미역국

세 번 끓인 게 제일 맛있다던 엄마의 미역국
속이 편해야 다 잘되는 거라며
중요한 날 아침마다 바글바글 끓이던 미역국
합격도 불합격도 당신을 탓하라던 뜨거운 위로
허겁지겁 삼키던 뜨거운 아침이 엊그제 같다

행여 늦을까 새벽에 미리 끓인 아이의 생일 미역국
아이 깰 시간에 맞춰 한 번 더 끓여 놓고
아이가 씻는 동안 식지는 않았을까
세 번째 가스 불을 켜면서
미역국은 꼭 세 번씩 끓이게 된다는
엄마의 말씀을 꼭꼭 씹는다

뜨거운 국물 호호 불어가며 넘기는
발그레한 두 볼을 보니
세 번 끓인 미역국이 맛있는 이유를
일일이 설명하지 않아도 괜찮을 것 같다
엄마가 내게 건네던 위로들의 온도를 알 것 같다

캔커피 예찬

천 원짜리 한 장으로 할 것이 너무 많아
뭘 하지? 뭘 할까? 돌부리에게 묻고 발부리에게 묻고
텅 빈 지갑의 변명은 못 들은 척 외면하면서
두리번거리는데
불면을 걱정하지 않는 편의점 불빛이 환하다

따끈한 캔커피 하나 낚아채듯 집어 들었다

커피 한 모금에 살얼음 언 속이 사르르 풀리고
얼음 박힌 손끝 따끔거린다
얼었던 것이 녹는다면 이만큼이야 기꺼이 참아야지

내가 나를 위해 마련한 따뜻한 시간

밤길 곳곳에 서 있는 24시 편의점
언제든 입맛에 맞춰 고를 수 있는 작은 위로
누구든 오롯이 독차지할 수 있는 다디단 휴식

천 원짜리 온기가 길가에 널려있다
오, 아름다운 세상

꿈속에서

산만한 파도가 나를 덮쳤다
물거품 하나하나가 슬로우 모션으로 보이는데
어디로도 내달리지 못한 채 멈춰선 나는
숨도 제대로 쉬지 못하고 질끈 눈을 감았다
꿀꺽 파도가 나를 집어삼키는 소리가 귀에 생생하다

파도가 잡아먹은
나 같은 것들이 온몸에 부딪혀 온다
머리라도 감싸야 하는데
가슴팍을 움켜쥔 두 손이 떨어지지 않는다
현기증이 난다 식은땀이 나고 오한이 든다
손에 힘을 주어 가슴을 내리누르지만
심장 소리는 줄어들 줄 모른다
순간이 백 년처럼 흐른다

눈을 뜨면
파도가 사라진 자리에 우뚝한
어둠의 성곽
눈꺼풀에 힘을 주면
검은 바다에서 나를 건져낼 수 있다는 걸 알면서도

악착같이 눈을 감고 발가락 끝에 힘을 모은다
꿈이 깨기 전에 이 바다에서 빠져나가겠다고
온 밤을 휘감은 파도를 벗어나겠다고
동이 트도록 안간힘을 쓴다

두 계절이 지나도록 같은 꿈을 꾸고 있다
내 몫의 바다는 넓기도 하지

울타리

이 나이에, 그 연세에!

그마저도 사랑이라고 우기면서 나는

두꺼운 얼굴을 쓱쓱 문지르면서

후들거리는 다리를 들키지 않기 위해

또 얼마나 태연한 척해야 하는가

이 모든 게 사랑이라는 나는

언제쯤 자식이라는 울타리가 될 수 있을까

아직도 품 안의 자식으로 살고 싶은 나는

조금 더 뻔뻔해지고 싶은데

여전히 엄마, 아빠 그늘 안에 있고 싶은데

그늘 때문에 나무를 잃을 수는 없기에

그늘 깊은 나무를 껴안아

이젠 내 팔로 지키고 버티기로 한다

이 모든 게 사랑의 형태라고 믿으며

또 다른 이름의 사랑을 적는다

습관

언제부터였을까
자꾸 입술을 앙다물곤 한다

어릴 땐 손톱 옆 굳은살을 잡아 뜯다
피투성이가 된 손끝을 들킬까
엄지손가락을 안으로 접고 주먹을 꽉 쥐었다

한동안 애꿎은 머릿속을 긁었다
상처가 나도 긁고 딱지를 떼려 또 긁었다
딱지가 앉는 동안 새로운 상처는 또 생겼고
자연스럽게 머리를 풀고 다녔다

두 입술을 깨물고 눈을 감는다
불안에 떨게 했던 이름들이 손끝에 적힌다
턱이 뻐근해 눈을 뜨니 아직 새벽이다

나는 나에게 자꾸 상처를 내며
상처에서 벗어날 방법을 고민한다

이륙 이후

아무것도 내 손으로 통제할 수 없다
안전벨트에 단단히 묶여
걸려오는 전화마저 일찌감치 차단한 채
완전히 제압되었다

일상으로부터 멀어지기로 결정한 것은
나 자신이며,
이 여행의 출발은
비행기가 활주로를 박차고 이륙하는 순간이어서

완전히 묶여, 무방비한 상태로
하늘 위에 있다는 것을 느낄 때
이제야, 비로소, 내 삶이 내 것이 아니며
또한 온전히 나의 삶임을 깨닫는다

ㅈㅇ ㅈㅅㅅㄷ

바야흐로, 자음 전성시대다

'바쁘다 바빠 현대사회'라는데
지금을 반영하여 탄생한 빨리빨리 문화
세종대왕의 후손들이 생각 없이 만들어낸 문자인가

어떻든 자음만으로 대화가 된다는데
소통이 필수인 시대에 차단하랄 수도 없고
굳이 다시 써달랄 수도 없고

선천적 소심증 환자인 나 혼자
자음 홍수 속에서 허우적거리는데

21세기 르네상스를 따라가지 못해
도태되거나 젊은 꼰대로 전락하거나

한 발짝도 따라가지 못하고 제자리걸음만 걷는 것은 아닐까

ㅁㄹ, ㅁㄹ, ㅁㄹ

슬그머니 적어보는 모음. 몰라, 몰라, 몰라

창조와 파괴 어느 쪽으로 가야 하는지

화이트머스크 향 눈물

향수를 눈에 뿌리고 이틀을 앓았다

각막도 녹아내린다나
눈에서 화이트머스크 향이 가시질 않는다

일직선으로 향수를 쏘는 향수병
진작 알았으면 총알받이가 되진 않았을 텐데
타들어가는 듯한 눈을 뜰 수 없다
티끌만 한 먼지에도 실명이 될 듯 날뛰던
지난날들은 모두 거짓이었음을 고백한다
가벼운 생채기에도 우주가 무너지는 듯
남은 생을 함부로 걸었던 모든 말들을 반성한다
이제야 진짜 고통을 맛봤다고
분명 달콤했는데,
그야말로 뜨거운 맛을 보았다고

삶을 통째로 태우고 남은 재처럼
눈물이 쏟아지는데
눈물에서 화이트머스크 향이 난다

해변에서

수평선을 바라보며
마치 모래밭 같다고 말하는 아들
노을이 진한 날에는
바다 위에서도 달릴 수 있을 것 같다고
두 눈을 반짝이는 손등을 어루만지며
편견의 눈을 부빈다

수평선도 모래밭도
어떤 꿈은 뛰어가 닿을 수 있고
침몰하는 순간이 올지도 모르지만
이 순간을 영원히 기억해주길.

울컥의 정의를 다시 쓰고 싶다

화상

발등에 떨어진 불을 끄려고
다른 발로 발등을 밟는다
불은 꺼지는 듯하다가 다시 살아나
양발에 붙은 불이 발목을 타고 올라온다
온몸에 불이 번지는 건 순식간이다
밝아지는 줄 알았는데 붉어졌다

가슴속에서 시작된 발화였더라
닳아 오를 대로 닳아 오른 가슴이
발가락 끝까지 뻣뻣하게 만들었고
꼼짝없이 그대로 시커멓게 타버렸다

사랑이라는 이름의
화마가 집어삼킨 자리마다 추억이 선명하다

4부

꽃이 피는 자세

자원이 유붕방래하니*

앉아서 시간을 보내는 것이 숙제라고
일단 앉기는 앉았는데
바로 그게 너의 영혼을 좀먹는 거라며
가슴을 두드리는 오랜 친구가 있다

책상을 끌어안고 널브러져
더 이상 내려갈 곳이 없다며
이보다 더한 밑바닥이 있으면 길 좀 알려달라는데
네 살배기 쌍둥이를 안고 업고 달려온 오랜 친구가
그거 다 쓰레기라며 갖다 버리라는데
내가, 꽃을 심는 곳이 아무도 눈여겨보지 않는
구석진 자투리땅이라는 걸 그 애도 모르네

어느 날 불쑥 맏며느리들이 되고, 엄마가 되었어도
우리는 왜 그대로냐고
뜻 없이 깔깔거리고 욕도 하다가
우리는 이대로 철들지 말자고
밑바닥에서 뒹굴든 기어코 일어나든
구겨진 종이와 펜을 손에서 놓지 말자고
컴퓨터로 쓰는 시대를 똥폼 잡으며 살아보자고

쓰레기더미에 파묻히도록 취해보자고
오래 묵은 건배를 기억해 냈다

*논어 1장, '학이시습지'

시작은 다크그레이

모든 어둠을 끝이라 부른 적이 있었다

빛의 색이 섞이고 섞여
그 끝을 짐작도 못 할 깊은 검정색을
마지막이라 말하면 될 거라 생각했다
점점 검정에 가까워질수록 끝나가는 거라고
끝을 향해 달려가는 것이
결국 색으로 보이는 것이라 생각했다

한동안 바닥만 보며 걸었다

회색 짙은 아스팔트 길 위에 서 있었고
콘크리트 벽에 둘러싸여 굳어가는 시간을 보았다
아스팔트는 가끔
고무 타이어를 태우는 냄새를 풍기기도 했고
시멘트 바닥은 한겨울 난방을 돌리면 곧장 뜨끈해졌다
콘크리트 바닥 틈에서 솟아난 새싹은
기구한 틈새에 꽃을 피우기도 했다

이제 블랙홀 너머를 상상할 수 있다
때로는 회색 콘크리트도 시작일 수 있어서
모든 어둠을 끝이라 하는 무례를
다시 범하지는 않을 것이다

안내양이 돌아왔다

마을버스에 안내양이 생겼다

카드 찍고 버스 타는 요즘 어르신들에게
안내양은 종종 어리둥절한 존재이지만
저만치서 모습 드러내는 버스가 오늘 더 반갑다

지팡이를 들어주고 때론 지팡이가 되어주는
갈래갈래 주름 패인 50대 안내양의 미소와
팔 잡아 끌어주는 쪼글쪼글한 손등이
함께 나이 들어가는 동행이 되고
좀 더 많은 시간을 걸어온 70대 노인은
세월을 껴안아 잘 익은 눈빛으로
나이 들어가는 길에 앞장서 발자국을 찍는다
누가 누구의 안내양인지

어르신들 놀라실까
텅텅, 버스 옆구리를 치지 않는
행여 시건방지다고 눈 흘기실까
"오라이" 유창한 외국어도 꿀꺽 삼켜두는
마을버스 안내양이 돌아왔다

줄무늬 벽지

빛바랜 줄무늬 벽지를 본다
반듯하게 늘어선 줄무늬일 뿐인데
나는 강박적으로 나를 위로한다
반듯한 논에 줄 맞춰 선 벼 포기들이
고개 숙인 모습마저 일렬일 때 나는 안도한다
냉장고 속과 빨랫줄 위까지 줄 세우기를 마치고야
벽에 기대어 숨을 돌린다

들숨 날숨을 따라 흔들리는 줄무늬 벽지 때문에
눈을 감는 건 아니다
먹는 것과 사는 것들은 매일 줄지어 있다
눈만 뜨면 보이는
생활의 뒤편이 달의 뒤편처럼 파편 분화구투성이이
거나 말거나
오늘도 숨죽이고 있는 줄무늬 벽지

하루의 끝에서
털썩, 등 기대는 나를 안으며
나와 같은 속도로 늙어가는
나만큼 나이 먹는 줄무늬 벽지

꽃이 피는 자세

봄꽃의 여린 잎이 피기까지
잔뿌리부터 희미한 잔주름 하나하나
땅의 온기를 끌어당겨 향기를 내뿜는 동안
한 자리에서 꼼짝없이 서 있는 목숨에게
나는 무슨 말을 걸어왔을까

어린아이 얼굴에 울긋불긋한 열꽃이
제 몸 태워 내는 장작불의 연기가
때맞춰 색 바꾸는 꽃과 나무가,
어느 순간 사라질 것을 아는지 모르는지
그것들은 시도 때도 없이 여러 모양으로 핀다
나는 그냥 다 피었다, 고 말한다

왜, 뜨거운 것들에게 피어난다고 말하는가
서른다섯 살이 되자 갑자기 궁금해졌다
혹, 다른 말로 설명할 수 있을까

매일 피고 또 지는 꽃 같은 나는
지나가는 사람이 콧등을 찌푸리더라도
오늘도 탄내 폴폴 풍기며
가장 뜨겁게 피어나야지

꿈의 습작

밀린 숙제를 하듯 책상 앞에 앉아
손끝으로 대충 더듬어 컴퓨터를 켠다
새하얀 화면에 커서는 깜박이는데

오늘의 햇살을 읽어본다

모르는 이의 일부를 옮겨보기도 하고
지금 귓가를 스치는 소리를 적어보기도 한다
구름을 불러 어디로든 떠날까 어디가 좋을까
햇볕이 너무 따갑지는 않으면 좋겠는데
건들바람이 돌아다니면 좋겠는데

너무 밝으면 나를 들키기 쉬워 조명은 어둡게 하고
성능이 아주 좋은 스피커를 들이고 싶다
사계절 공기가 비슷한 자리에 앉아
창문 너머 지나가는 날씨에 시선을 던지고
오늘 밤은 어떤 색일까 상상하다가
문득 뇌리를 스치는 영감에 환호하며
 그럴듯한 시 한 편을 완성하고 손 탁, 털고 일어나고 싶다

 숨을 곳이 있었으면 좋겠다

슬픔이 밀려올 때

눈물을 참는 몇 가지 방법을 배웠다

속이 꽉 찬 송편을 베어 물듯 이빨 자국이 생길 때까지 입술을 깨물거나
애국가를 4절까지 반복해서 부르거나
손톱자국이 손바닥을 파고들어 갈 때까지 주먹을 꽉 쥐거나

슬픔은 견디는 것이 아니고 이겨내는 것이라고
맞서 싸우는 법을 수도 없이 시뮬레이션했다

민달팽이처럼 느리고 더딘 나는
슬픔의 정면과 맞서지 못하여
툭하면 눈물이 터져
시도 때도 없이 패배자가 된다
해일처럼 몰려오는 거대한 슬픔 앞에서
"맞서 싸워"의 문장을 완성하지 못한다

미완의 견디기, 혹은 중도 포기

괜찮다 말해주는 내 편을 찾기에는 너무 춥거나 너무 어두운 나의 계절

눈물에 침몰하는 나를 바라보며 나는
저무는 해처럼 쓸쓸해서

쓰다만 문장이 마음에 수북하다

대나무 꽃이 피었습니다

임금님 귀는 당나귀 귀, 라는
비밀이 묻혀있다는 대나무 숲
바람을 가르는 대나무 잎의 비명에 묻힌 비밀들로
퇴적층처럼 마디 올린 대나무

마디마디 갇혀 있던
제각각의 삶
소원하던 뜨거움을 더는 품을 수 없어
대나무는 꽃을 피우기로 했다

대나무 꽃 한 번 보지 못하고 세상을 떠나는 이
한 번이라도 보기 위해 길을 떠나는 이
모든 뜨거움을 응원하듯 터진 함성처럼
치열하고 치열하게
100여 년의 시간을 건너온 꽃이 피었다고

여기 신비의 꽃으로 만개하였으니
이제 어디든 가벼이 떠나라고
그러나 여전히 바람 가르는
대나무는 이제 죽을 것이다

새로 쓰는 행운의 편지

이 편지는 영국에서 시작되지는 않았지만
아침이 가까운 새벽에 마음으로 씁니다

오늘도 어둠 속을 헤매느라 고단한 영혼
끝내 빛을 찾지 못해 멈춰선 자리에 주저앉아
짧은 한숨에 꿈을 뱉어버리는 그대가,
체념이란 단어마저 사치인 것 같아
그냥 아무 말도 하지 않기로 마음먹은 내가,
그래도 내일을 살아야만 하는 우리가,
마침내 야광으로 빛나는 행운을 만나기를

이미 오늘치의 불행을 다 겪었으니
이제 오늘 밤을 굳게 걸어 잠그고 잠들기를
내일은 내일의 어둠이 있을지라도
매일 하루치만큼만 고통스러워하고
또 하루치의 행운을 누리기를 간절히 바랍니다

God bless you!

맛동산 파티

1996년 어느 밤의 일기 제목 '맛동산 파티'
맛동산을 먹을 때마다 뺏어 드시던
지금보다 25년 젊은 아빠
연필 꾹꾹 눌러 쓴 삐뚤빼뚤한 글씨로 남아 있다

아빠가 좋아하는
참외, 열무김치, 짜장면, 꽃게탕, 인절미
나도 같이 좋아하는 건 하나도 없는데
비싼 맛동산 좋아하는 건 아빠를 닮아서라고
슈퍼에 가면 맛동산부터 집어 들곤 했던 열한 살 막내딸
그런 날이면 아빠는 맛동산 다섯 개를 사 오셨고
우리 가족은 나란히 앉아 맛동산 한 봉지씩을 끌어안고 먹었다
나는 일기장 속으로 맛동산 파티를 고스란히 옮겨 뒀었네

오랜만에 맛동산 몇 봉지 사 들고 아빠를 만난 날
그때의 내 나이만큼 자란 아들이
일기장 속 어린아이처럼 맛동산을 먹는 엄마에게 기

댄다

　-엄마, 저는 엄마를 닮았지요?
　-그렇지, 그리고 난 아빠를 닮았어!

마지막 수마트라코뿔소

태초부터 종의 최후는 정해져 있었다

생의 분비물들로 밀림을 채워나간 거대한 몸
남은 수명을 받치는 발걸음이 점점 느려진다
유일한 암컷 유전자를 현대 과학 한가운데에 얼려두고
수풀 무성한 길에 발자국을 더하는
마지막 수마트라코뿔소

멸종으로 가는 길
들이마시고 내뱉은 오랜 숨의 흔적이
밀림 구석구석까지 울창한데
약속한 적 없는 역사를 따라 하나둘 시들어갈
푸르던 날들의 예측 가능한 미래가
수마트라코뿔소 느린 발걸음에 탄식을 보탠다
무거운 눈동자를 깨워 꽃과 풀과 흙과 물
남겨질 것들을 눈에 담는 것으로 유언을 대신하는데

커다란 슬픔 덩어리가 그렁그렁 건너가는
밀림의 기침 소리가 들린다

■해설

삶의 줄다리기, 자유의 매듭으로 생명을 품다

이 오 우
　(시 인)

1. 들어가며

　시(詩)를 쓰는 사람을 시인(詩人)이라고 한다. 그러나 시인(詩人)은 어쩌면 시(詩)와 사람[人]이라는 독특한 개체의 만남이라는 생각도 하게 된다. 즉 '시인'이라는 말 안에는 개인으로서의 '시인'이 평면적으로 존재하는 것이 아니라, '시'라고 하는 독립된 세계와 '사람'이라는 실존적 자아가 공존하는 입체적 공간이라는 것이다. 이때 '자아'는 '시'라는 언어적 유기체와 끊임없이 상호작용으로 내면적 에너지를 주고받으며 스스로 '시인'의 세상을 창조한다는 것이다.
　그런 측면에서 고우리 시인은 '시'라는 언어적 세계

와 '자아'가 보이지 않은 줄다리기를 하며 생을 지탱하고 추동하는 시적 세계를 건설하고 있다는 느낌을 받게 된다. 삶의 줄다리기가 자유로운 사유와 내밀한 시적 긴장감으로 전환되고 미학적으로 승화되는 순간이 있다. 그것은 결박일 수도 있고 결속일 수도 있는 지점이다. 중요한 것은 그 지점에서 자유의 매듭이 이루어진다는 점이다.

시적 화자에게 시적 대상은 삶의 요건들이다. 시적 형상화는 바로 그 대상들, 화자의 내부적 존재일 수도 있는 것들과의 끊임없는 힘의 결박과 결속, 내면적 교감을 의미한다. 생을 지탱하는 마디이며 생명을 품는 매듭이 되는 것이다.

2. 중독과 삶의 줄다리기

닥나무 껍질 같은 내성이 생긴 것 같다
처음의 두근거림은 전혀 없고
온몸의 솜털이 보스스 일어나던 간지러움도 없다

순간에 중독된다는 것은
순식간에 잊는다는 것은 아닌지

holic을 넘어선 욕망의 과잉

심장 박동 수를 떨어뜨리지 않으려는 일상의 강박이
내 힘으로 똑바로 서지 못하게 한다

계슴츠레한 눈을 흘끔거리기도 하면서
약효를 착각하고 처방전을 의심하면서
이 약이 진통제인가 중화제인가
그때 나를 중독 시킨 약이었나

약의 이름 따위 중요하지 않은 지 오래지만

쌀 한 톨 만한 약에 맡기기로 한 마음이 자꾸 버석거리는데
-「addiction」 전문

    고우리 시인은 생의 중독에 대하여 긴장과 이완이라는 시적 감수성을 잘 보여준다. 살아가는 일이 때로 순간에 중독되는 것과 같이 감각에 취하기도 하고 무한 궤도를 돌 듯 하나의 욕망에 사로잡히기도 한다. 그러나 두근거림이라는 긴장도 서서히 사그라들며 격랑이 가라앉듯 감각과 파동은 이완되며 주변을 경계하게 된다. 마음을 추스르는 일이 녹록하지는 않다. '한 톨의 약'으로 심장을 진정시키듯 마음을 추동하며 약을 미덥게 받아들이며 삶의 고도를 견딘다는 것이 쉬운 일은 아니다. 고우리 시인의「addiction」은 감각적으로 생의 경계에서 지키고 견뎌야 하는 소중한 것들을 보여준다. 자유로운 이완으로 풀어보고 싶은 욕망과 줄다리기를 한다.

    '중독'은 부정적 모티브인 동시에 긍정적 키워드이

다. 이것이 몸을 와해시키기도 하지만 정신의 몰입을 지칭하는 말로도 쓰이기 때문이다. 그러기에 '약'으로 상징되는 '중독'은 일탈적 삶과 이상적 삶이라는 두 가닥의 줄이 서로 엉킨 동아줄 같다. 상호 의존적이면서 열망을 향한 생의 펌프질을 멈추고 싶지 않다는 절실한 고백이다. 아픔과도 통하는 '버석거리는 마음'과 대척점을 이루며 화자는 또한 마음과 몸의 보이지 않는 줄다리기를 시도하는 중이다.

    산만한 파도가 나를 덮쳤다
    물거품 하나하나가 슬로우 모션으로 보이는데
    어디로도 내달리지 못한 채 멈춰선 나는
    숨도 제대로 쉬지 못하고 질끈 눈을 감았다
    꿀꺽 파도가 나를 집어삼키는 소리가 귀에 생생하다

    파도가 잡아먹은
    나 같은 것들이 온몸에 부딪혀 온다
    머리라도 감싸야 하는데
    가슴팍을 움켜쥔 두 손이 떨어지지 않는다
    현기증이 난다 식은땀이 나고 오한이 든다
    손에 힘을 주어 가슴을 내리누르지만
    심장 소리는 줄어들 줄 모른다
    순간이 백 년처럼 흐른다

    눈을 뜨면
    파도가 사라진 자리에 우뚝한

어둠의 성곽
눈꺼풀에 힘을 주면
검은 바다에서 나를 건져낼 수 있다는 걸 알면서도
악착같이 눈을 감고 발가락 끝에 힘을 모은다
꿈이 깨기 전에 이 바다에서 빠져나가겠다고
온 밤을 휘감은 파도를 벗어나겠다고
동이 트도록 안간힘을 쓴다

두 계절이 지나도록 같은 꿈을 꾸고 있다
내 몫의 바다는 넓기도 하지
―「꿈속에서」 전문

'현기증', '꿈', '파도', '깨어남', '아픔과 맞서기'와 같은 작용은 일상과의 고된 응전을 보여준다. 일상은 어쩌면 도전과 응전에 따른 영광과 상처로 점철되어 있을 것이다. 그것이 자산이 되고 에너지가 되어 신체와 정신을 연동시키고 마음의 관절을 작동시키며 삶을 추동한다. 몸은 마음을 담는 그릇인 동시에 마음은 몸을 지배하기도 하지만 겉과 속의 관계가 아니라 온전히 하나가 될 수 있어야 한다. 그러나 사실상 보이는 것에 집착할 수 있고 보이지 않는 것이 더 중요할 수 있다. 아주 작은 생활의 입자들이 생의 촉수를 민감하게 좌우할 수도 있다. 마음은 불안하고 삶은 위태롭다는 기억으로부터 자유로울 수 없다. 꿈은 늘 그 길을 찾아 나서곤 한다.

「꿈속에서」 시인은 깊고 푸른 '바다'의 상징적 이미지를 통해 삶을 송두리째 집어삼키며 익사시킬 것 같은 공포와 맞서고 있다. 수시로 노략질하듯 생의 경계를 덮치며 삶을 괴롭고 고달프게 만드는 파도와 싸운다. 화자는 꿈과 사투를 벌이면서 정신적 착취로부터 벗어나기 위한 몸부림을 보여준다. '눈을 뜨면/ 파도가 사라진 자리에 우뚝한/ 어둠의 성곽'의 '현실태'와 '눈꺼풀에 힘을 주면/ 검은 바다에서 나를 건져낼 수 있다는 걸 알면서도/ 악착같이 눈을 감고 발가락 끝에 힘을 모으'는 결전을 통해 '이상태'인 '꿈속'의 자아를 대면하고 있다. 궁극적으로 자신을 구원할 힘을 찾고 의지를 구하고 있는 것이다.

현실태와 이상태는 분리된 개념이 아니다. 삶이 현실태라면 그것을 가능하게 하는 이상태는 구원이며 의지일 것이다. 현실태가 의식이라면 이상태는 무의식의 어떤 작용일 수 있다. 시인은 '꿈속에서' 의식적 자아와 무의식적 자아와의 힘겨운 줄다리기를 보여준다.

그러나 '두 계절이 지나도록 같은 꿈을 꾸고 있다/ 내 몫의 바다는 넓기도 하지'의 자조 섞인 열린 결말은 벗어나고 싶지만 벗어날 수 없는, 혹은 벗어날 수 있으나 벗어나고 싶지 않은 자아 분열적 상태를 보여준다. 시인은 스스로 내면 의식에서 작동하는 꿈의 세계를 여행하고 있는지도 모른다. 이것은 이미 '내 몫의 바다'처럼 숙명적인 삶의 현장을 받아들이며 스스로 바다의 일부가 되어야 함을 역설하고 있는 것이다.

> 엘 칼라파테*에 가서
> 초속 30m 바람에 놀라 멈춰 선
> 구름을 만나고 와야지, 만져봐야지
> 중얼거리며 TV를 켠다, 다시
> 당분간 하늘은 온통 네모 모양일 거다

*El Calafate, 바람이 많이 부는 아르헨티나의 도시.

- 「네모난 하늘」 부분

한편 「네모난 하늘」은 현실과 비현실을 넘나드는 소통의 통로로써 '네모 모양'을 제시한다. 이를 통해 인식의 양식과 실체적 진실이 매체에 의해 가공되고 일상으로 매몰되었다는 것을 유머러스하게 보여준다. 그러나 시인은 여기에 머물지 않고 중독된 일상으로부터 갈망의 뿌리를 건져 올려 '엘 칼라파테'라는 낯선 세계로의 여행으로 소환하며 '구름을 만나고 와야지,/만져봐야지'라는 감각적 대응을 통해 온전한 삶을 희구한다는 각성을 이끌어 낸다. 즉 시인은 '네모난 하늘'과 '네모난 세상'에서 길들여지고 싶지 않은 삶의 갈증을 미지의 어떤 낯선 공간으로 스스로를 밀어붙이고 있는 것이다.

3. 일상의 간절함과 소중함에 대하여

  고우리 시인은 일상의 고단함에서 유희의 기억을 더듬으며 유년 시절의 추억과 삶의 전방지대를 오가며 일상의 간절함과 소중함에 대하여 증언하고 있다. 흔들리는 삶을 견디는 힘과 억척스런 평형감각을 보여준다. '바다'와 '뱃사람'을 통해 선명한 이미지를 퍼 올리고 있다.

   뱃사람들은 땅 멀미를 한다는데
   파도에 익숙해진 두 발이 단단한 땅에 닿으면
   온몸으로 낯설어한다는데

   어린 시절 트램펄린 위에서 한참을 뛰면
   아스팔트 깔린 땅을 밟고도 한동안은 방방 뛸 수 있었다
   둘러싸는 것들 사이에서 덩그러니
   내가 나비인가 나비가 나인가에 대하여
   장자에게 되묻기를 반복하기도 했다
   그렇게 흔들리고 방방 뛰다 보니
   쇼윈도에 비친 나는 땅을 밟고 서 있었다

   흔들리는 것에 익숙해져
   낯선 단단함이 끌어오는 어지러움
   그 속에서 다시 흔들리며

오늘은 두 발을 땅에 디뎌
　　정면을 똑바로 보기로 한다

　　내일 또 흔들릴 테지만
-「땅 멀미」 전문

　배 위에서의 흔들리는 삶은 땅 위보다 치열하고 고단한 삶이라 할 수 있다. 그래서 뱃사람들의 노래는 애절하고 구슬프며 삶의 애환이 서려있다. 그렇지만 그들의 노래는 단단하게 매어둔 일상의 소망들이 흔들림 속에서도 만선의 꿈으로 펼쳐진다.

　흔들림에 익숙해진다는 것은 '낯선 단단함이 끌어오는 어지러움'에서 흔들리는 삶을 보정하는 자세이며 억척스런 평형감각의 의지다. 따라서 잔물결이 위에서나 거센 폭풍이 치는 바다 위에서나 거시적 평형상태를 깨뜨릴 수는 없다. '땅 멀미'는 땅 위에서 지탱은 흔들림을 이기고 버티어 내는 '오늘은 두 발로 땅을 디뎌/ 정면을 똑바로 보기로 한다'는 의지로 귀결된다.

　트램펄린에서 내려오는 순간이나 바다에서 땅으로 내려오는 상황처럼 낯설음과 어지러움이 삶의 감각적 반응으로 이어지기도 한다. 흔들림이 정지하는 순간, 행복과 평화가 찾아오기도 하지만 자신과 직면하며 감각과 조응할 때 삶의 아름다움은 발견하고 고양되기도 한다. 그렇듯이 시인은 '내일 또 흔들릴 테지만'이라는 말로 자신의 흔들림을 받아들인다. 그런 흔들림은

곧, 평형을 잡기 위한 준비운동 같은 것이리라 믿기 때문이다.

> 말린 생선 비린내가 발아래 훙건한
> 간월암에서
> 꼬깃꼬깃한 천 원짜리 소원이 탑을 쌓는다
> ─「간월암에서」 부분

 한편 「간월암에서」는 '천 원짜리 소원이 탑'을 이루고 있는 '간월암'의 풍경은 바다를 어머니로 받아들이는 원형적 상징을 통해 생선처럼 공양되는 삶의 가치를 애잔하게 보여준다. 어쩌면 가난한 사람들이 남긴 '꼬깃꼬깃한 천 원짜리' 부적을 통해 삶의 위안을 얻는 순간이기도 할 것이다. 시인이 '생선 비린내' '훙건한' 삶의 고달픔과 물결처럼 밀려드는 고뇌와 일렁이듯 흔들리며 살아가는 힘겨운 삶의 노고에 바치는 헌시이기도 하다.

> 도대체 이게 어디서 나왔나
> 날 선 것이 박힌 발바닥이 뜨끔했다
> 손톱만 한 플라스틱 조각을 손에 들고
> 온 집안을 다니며 퍼즐을 맞춘다
>
> 나만큼 나이 먹은 장난감, 다 쓴 볼펜
> 자꾸 치직거리는 스피커, 길거리에서 산 싸구려 팔찌
> 동전 몇 개 달그락거리는 작은 저금통

요즘엔 안 팔 것 같은 가격표 흐려진 천 원짜리 필통
플라스틱으로 만든 온갖 것들이
거실 한가운데에 차곡차곡 쌓여가는데
어쩌지, 회색 플라스틱 조각 하나 들어맞는 자리가 없다

빨래나 널어야겠다, 돌아서는데
회색 빨래건조대에서 삐걱삐걱 뼈대 흔들리는 소리가 난다
건조한 시선으로 훑어보니
층층이 하나둘 손톱만 한 구멍이다
집안 곳곳에 플라스틱 조각 떨구며
구멍 숭숭 뚫린 몸이 되어가도록
가족의 무게를 버티고 있었나보다

나이 든 빨래건조대를 물끄러미 쳐다보다가
쌓아두었던 고장난 것들을 다시 제자리에 가져다 두었다
아직은 더 쓸 만하다고 버릴 것이 하나 없다고
언제나 핑계는 있으니까
ㅡ「고장난 것들의 정처」전문

 이와 같은 시인의 따스한 시선은 '고장난 것들'과도 조우한다. 아끼고 살피며 함께 다독이며 살아가는 삶의 부속품들, 작은 플라스틱 조각 하나라도 그것이 놓인 자리는 버팀의 힘이다. 삶을 버티는 것들에 대한 마음 씀씀이로 확장되는 시심은 '길거리에서 산 싸구려 팔찌'와 '천 원짜리 필통'으로, 다시 '나이 든 빨래 건

조대'로 이어진다. '구멍 숭숭 뚫린 몸이 되어가도록/ 가족의 무게를 버티고 있었'을 것에 대한 애잔함은 가족의 일상을 지키는 시인의 몸과의 대화이며 고장난 것들이라도 '버릴 것이 하나 없다'는 것은 서로의 가치를 인정하며 더불어 사는 삶의 소중함을 암시하는 대목이 아닐 수 없다.

아울러 이와 같은 일상에 대한 인식은 일상의 재건축이라는 키워드로 다시 태어난다. '가우디의 건축' 같은 삶의 재인식과 무너짐을 일으켜 세우는 순간마다 부딪히는 내면을 추스르며 접착제와 같은 생의 간절함으로 발전한다.

> 나를 깨뜨렸다
> 완전하다고 믿어온
> 완전하다고 믿고 싶었던 것들이
> 산산이 부서져
> 조각조각 길 위에 흩어졌다
>
> 쪼그리고 앉아 나뒹구는 것들에 손을 내민다
> 크기도 모양도 똑같은 것은 하나도 없이
> 산산조각 난 나의 시간들을 어루만진다
> 내동댕이쳐진 것들을 끌어와 접착제를 바른다
> 모으고 붙여 세운 기둥이 단단하다
> 부서진 꿈의 조각들이 쌓아 올린 모자이크 도시
> ─「내 안에 가우디가 산다」 부분

고우리 시인은 '나를 깨뜨렸다' '산산이 부서져/ 조각조각 길 위에 흩어졌다'는 명제를 통해 삶의 전면적 대응을 보여준다. 완전하다고 믿었던 것들이 헛된 망상이었음을 깨닫는 것처럼 무기력한 순간은 없을 것이다. 깨뜨림은 파괴이자 재생이다. 부서지고 깨지는 일상이 어쩌면 진실에 접근하는 길일 수도 있다.

인간적인 미련과 안타까움에 '산산조각난 나의 시간들을 어루만지'기도 하지만 그것은 궁극적인 해결책은 아니다. 문제는 단단한 '기둥'이다. 어딘가 시간에 쫓기고 마음이 급해 허술하게 지어진 '꿈'이라면 과감히 깨져야 한다. 바로 적극적 파괴를 통해 일상의 소소한 가치를 통해 궁극의 미를 완성한다는 진화의 DNA가 작동하는 순간이다. '내 안에 가우디'는 질서를 재조립하며 자신의 시세계를 건설하고자 하는 고우리 시인의 시정신을 상징적으로 보여준다.

4. 시대적 사건과 마음의 거리 두기

개인의 일상은 결코 시대적 사건과 무관하지 않기에 시인은 '현재'와 '사건'이라는 시대를 적시하고 있다. 부자유하며 부자연스러운 미증유의 '코로나19' 상황을 드라마틱하게 보여주며 일상이 무너지고 천천히 재조립되는 생활의 전환과 패러다임의 변화를 몸소 체득하고 있다.

적막이 흐르는 거리
발맞춰 행진하는 군홧발 소리도
전방 향해 외치는 함성 소리도 없는
전쟁의 서막이다
누가 적군이고 누가 아군인가
눈빛만으로 암호를 해독하고
잰걸음으로 대열에 합류한다

(중략)

승리에 취하는 것도 잠시
삼일천하의 멸망이다
주민등록등본 가족관계증명서에 줄 세운
한 부대를 손에 꼭 쥐고
오늘도 슬그머니 마스크 대란에 참전한다
-「마스크 대란 - 2020년 2월」부분

「마스크 대란 - 2020년 2월」은 그야말로 전쟁의 서막이다. 온 신경을 곤두세우고 마스크를 쟁취하기 위한 전쟁에 합류하는 결연한 순간을 경험하는 상황에서 시대를 이해하기 전에 시대를 짊어지고 우리는 그 현장에서 몸부림쳐야 하는 순간을 맞닥트린다. 긴 행렬이 이어지고 누구든지 필사적으로 움직인다. 그러나 우리에게 주어지는 쟁취는 오래 지속되지 못한다. 마음을 다잡아야 하는 생의 전선은 그 최전방과 생과 사의 경계를 보여준다는 점에서 시인은 유의미한 자신의 모습을 다큐멘터리를 보여주듯 시에 새겨 넣었다.

  이제 우리의 모습이 시 속으로 빨려든다. 자화상을 보는 것이다. 그 자화상 속에 헉, 가슴을 때리는 생의 진정성을, 뼛속을 때리는 무언가가 있다. 취약한 생의 평형, 그것이 쏠림으로 무너진다는 것을 알게 된다. 문명에 집착하고, 기울어진 물질적 삶과 자본과 경제의 논리에 지배당한 안락한 일상의 함몰이 가져다주는 경종을 듣는 것이다. '자연의 위대함 앞에서 여전히 티끌만큼 작다(「마유목」)'는 것을 시인은 말하고 싶은 것이다.

> 나이만큼씩 넓어지는 개인의 영역
> 벌어지는 우리의 거리가
> 늙은 시간을 설명한다
>
> 손 꼭 잡고, 꼭 껴안고,
> 이마를 맞대고 키스를 하던
> 바로 어제의 기억을 가지고
> 우린 조금씩 멀어지고 떨어진다
>
> 나는 조금씩 편안해진다
> 원래 그렇다더라, 당연한 거라더라
> 지는 꽃잎처럼 실없는 농담을 주고받으며
> 당신만큼 나도 중요하니까
> 나에게도 꼭 필요하니까

그렇게 멀어지는,
받아들이는 우리, 거리,
-「거리 두기」 전문

  시인은 「거리 두기」를 통해 시대적 화두를 솔직하게 드러내며 투명한 시선으로 되새김질하고 있다. 받아들여야 하지만 받아들이기 어려운 '멀어짐'과 '늙은 시간'에 대한 내적 고백이다. '그렇게 멀어지는,/ 받아들이는 우리, 거리'를 통해 아이러니한 현실 상황을 농담처럼 던지고 있다. 하지만 사회적 존재로서의 인간의 삶의 필연적 제약을 농축하며 인간의 유한성과 자연의 선택이라는 진실한 사색을 담고 있다는 점에서 천천히 음미해 볼만한 작품이다.
  '닫혔던 미용실 문이 열린다/ 열린 문이라고 아무 때나 들어가는 것은 아니다 (「길 위에서」 부분)'처럼 그동안 무비판적이며 무감각적으로 자행되었던 관념과 관성의 독재가 무너지는 경험을 하게 되는 요즘이다. 우리는 '아무 때'나 '아무나' 만나고 그렇게 일상을 '아무렇지도 않게' 살았다. 그러나 아무렇지도 않았던 일상 속 만남들이, 우리에게 얼마나 소중한 시간이었으며 행복한 순간이었는가를 알아차리고부터 더욱 일상의 소중함을 뼈저리게 느끼는 것은 아닐까. 시인은 필사적으로 지켜야 할 것이 무엇인가에 고민이 필요한 시점이라는 죽비를 들고 있는 것이다.

5. 생명을 품다, 풀어 놓다

　가을이 무르익는 계절, 봄에 뿌린 씨앗은 무덥고 힘겨운 여름을 이겨내고 가을 하늘 붉은 노을 아래 새로운 희망의 열매를 품는다. 생명은 자연의 순리 앞에서 생과 사의 순환적 질서에 따라 자신의 삶을 살다 간다. 비록 인간만이 그 오묘한 진리를 안다고 교만해서는 안 될 것이다. 우리의 시간과 계절은 자연 앞에 서있을 때 그 숨결로 오롯이 느낄 수 있기 때문이다. 고우리 시인은 생명을 품고 그것을 다시 풀어 놓는 전능한 존재와 조응하며 시인은 '즉자존재'에서 '대자존재'로 나아가고 있음을 보여준다.

　　호기심 하나로 사 온 씨앗 봉투 속
　　낯선 목숨을 쪼르륵 심어둔다

　　땅이 살짝 부푼 듯도 하고
　　갈라진 틈에서 싹이 보이는 것도 같고
　　어디선가 풀냄새가 날 것 같기도 한데

　　생사의 갈림길에서
　　대지의 선택을 받는 일이란
　　치열하고 간절한 바람을 넘어선
　　다른 어떤 영역의 일이라
　　땅을 파 확인하지는 않기로 한다

생명이 생명을 낳는 일도
죽음이 생명을 덮는 일도
모든 경우의 수를 열어둔 생사의 문제를
주관하는 이에게 온전히 맡기기를
다짐 또 다짐하며 분무기를 든다
-「경우의 수」 전문

 알베르트 아인슈타인(1879~1955년)은 '신은 주사위 놀이를 하지 않는다'고 했다. 양자역학 이론에서 우연이나 확률을 도입하고 있음에 대한 문제점을 지적하는 말로 유명하다. 신은 교묘하지만 심술궂지는 않다는 것이다. 그러나 양자역학자인 보어는 '신이 어떻게 우주를 관장하는지를 규명하는 것은 우리의 일이 아니다'며 반박했다고 한다. '씨앗 봉투 속/ 낯선 목숨을 쪼르륵 심어둔' 시인은 '생사'의 갈림길과 '대지의 선택'이라는 꼭짓점에서 절대적 존재의 의미를 추적한다.

 '생명이 생명을 낳는 일도/ 죽음이 생명을 덮는 일도' 모두 우리가 알 수 없는, 감히 재단할 수 없는 문제임에 틀림없다. 생명을 다루는 일의 겸허한 행위야말로 그것을 '주관하는 이'에 '온전히 맡'겨질 일이다. 시인은 허술한 과학적 판단이나 어설픈 감정적 영역에서 '경우의 수'를 논할 수는 없다는 메시지를 통해 우주적 기운을 불어넣는다. 자연과 인간을 분리시키는 현대인의 과학기술과 기계 문명적 사유 체계를 꼬집는 것이다.

>아직 마르지 않은 땅이어야 한다고
>비 그친 고구마 밭으로 나서는 여전사
>
>엄마는 고구마 줄기를 들었다 놨다
>흔들어 뽑아 버리기까지 했다
>진짜배기 알맹이를 얻으려면 때론
>생의 방향을 뒤집어줘야 한다고
>생생한 초록이어도 과감히 뽑아 버려야 한다고
>고구마 밭을 누비고 다니는 엄마
>땀 뻘뻘 흘리며 고구마 밭을 헤집어놓는
>엄마를 이해하는 일은 언제나 너무 어려운 일이라서
>나는 밭고랑에 멀뚱히 서 있거나
>엉덩이 반의반만 한 돌덩이 깔고 앉아 있는 게 전부였다
>
>마음 밭 한 도랑 초입 어느쯤에 서서
>고구마 줄기처럼 뒤엉킨 삶의 중간에서
>나를 뒤집어주는 신의 손길을 느낀다
>고난이 나의 유익이 되리라는 걸, 당장은 모른다 해도
>
>시간이 지나면, 시간만 잘 지나기만 한다면
>단단하고 큰 열매를 맺는 자연의 섭리를
>곰곰 살핀다
>   -「고구마 줄기 뒤집기」 전문

생명이 땅의 기운으로 그 알맹이를 얻어 생을 부양하는 일은 엄숙한 숙명이다. '고구마'는 구황작물로 어려운 시기에 민초들의 생을 부양한 고마운 존재다. 어디서 그런 힘과 능력을 부여받았는지 고구마 줄기의 무성함 앞에서 탄복한 적이 있다. 시인은 생의 한 지점에서 '엄마'와 '고구마 줄기'를 만났다. 삶의 지혜가 폭죽처럼 터지는 순간이다. '진짜배기 알맹이를 얻으려면 때론/ 생의 방향을 뒤집어줘야 한다고' 하는 말씀은 '고구마 밭을 누비고 다니는 엄마'의 '땀'의 언어이자, 인생 철학이다. 그것을 받아적은 시인은 '고구마 줄기처럼 뒤엉킨 삶의 중간에서/ 나를 뒤집어주는 신의 손길을 느낀다' '고난이 나의 유익이 되리라는 걸' 깨닫는 순간이다. 참으로 자연의 섭리란 고단한 삶의 여정에서 땀의 언어로 전달되는 것은 아닐까.

한편 고우리 시인은 인생을 여행하며 생명의 소리와 숨결에 귀 기울이고 있다. 때로는 '달빛이 사뿐히 내려앉은 맹그로브 잎이/ 하나하나 정성껏 빛을 머금어 품고 있'을 때 '물속 깊이 뿌리 내린 나무들 서로 부둥켜 안고/ 달빛을 흔들어 생사를 알' 리는 순간을 만나면서 '빛나는 어디 한 곳 한가한 생이 없다'(「맹그로브 숲에서」 부분) 는 것을 깨닫기도 한다. 시인의 생명에 대한 경외가 시편으로 전해진다. 빛나게 눈뜨는 생의 끈질김과 대면하는 것이다.

고우리 시인의 시편들은 어려운 삶의 역경과 인생의

험로를 걸어갈 수 있는 것은 함께 숨 쉬는 고단한 누군가가 곁에 있기 때문이며 자연의 존재들과 함께 호흡할 때 우리도 피어나는 꽃이 될 수 있음을 말한다. 우리도 저 광활한 우주의 일원이라는 생각이 있어야 힘이 생기는 것이라는 잠언이 맥동한다.

특히「흔들리는 시간」에서 시인은 '떠나는 바람을 배웅하며/ 흔들리는 시간을 읽어본다'는 시인의 관조적 생의 읊조림을 보여준다. 이것은 '바람은 멈춘 적이 없었다/ 파도는 밀려왔다 떠나갔고/ 나는 가끔 잠겨 있었'던 여정을 통과한 날숨과 들숨의 흔적이다. 바람처럼 왔다 간 어떤 시간의 공명이 온몸을 울린 여운이다. 생의 이별을 관조한다는 것은 감정이 감각으로 끝나지 않은 내면의 조율이 이루어진 상태다. 담담하게 다음을 약속할 수 있는 여유와 안식을, 그리고 또 다른 가능태에 대한 도전으로 읽힌다. 여전히 흔들리지만 그 시간을 해독하고 내면화하며 통찰의 길로 나아가려는 생명의 결을 읽는 의지적 자아의 모습인 것이다.

6. 나오며

매듭은 묘한 매력이 있다. 얽혀 있으며 결박하는 고집스러운 모양새를 하고 있지만 어딘가에 줄을 단단히 고정하기 위해서는 매듭이 아니고서는 불가능하다. 전통 매듭은 공예로서의 아름다움뿐만 아니라 여성의 한

복과 어울리며 예쁘면서 앙증맞은 멋을 자아내기도 한다. 한편 일상 속에서 매듭은 유용하게 쓰이며 생활의 지혜로 작용한다.

암벽을 타거나 히말라야를 등반하는 산악인에게 줄은 생명이다. 그 줄이 줄로만 존재한다면 아무 소용이 없다. 어느 지점엔가 줄을 매는 '확보'가 필요하다. 그 지점에 매듭은 필수적인 요소이다. 이처럼 매듭은 생명을 지키기도 하는 것이다.

고우리 시인의 시는 삶의 매듭이 잘 느껴지는 시편들이다. '중독'처럼 단단하게 우리를 잡아매는 이미지가 있다. 꼼짝 못 하게 하는 생의 중독은 그래서 힘이 세다. 그렇지만 그 힘은 한쪽 끝을 잡아당기면 풀려버릴 수도 있다는 것을 인지하게 한다. 옭매듭이 아니라 운동화 끈을 묶는 매듭 같은 것이다.

일상의 간절함과 소중함을 담은 시편에서도 시간이라는 줄을 어느 지점에서 매듭을 지어 긴장감 있게 생의 감각을 일깨우며 삶의 무게를 지탱하게 해준다. 어쩌면 위태로울 수 있고 위험한 난간을 지나갈 수도 있다. 그러나 그런 순간 지혜를 발휘하여 마음의 끝을 잡아 주며 정신의 끈을 잡아매는 단단함이 펼쳐진다.

어려운 시대와 대면하며 피해 갈 수 없는 사건과 직면하는 순간마다 우리에게 작용하는 마음의 원심력과 구심력을 적절히 잡아주는 끈이 있어야 한다. 사회적 거리 두기뿐만 아니라 마음의 거리 두기에서도 양 끝에는 서로의 마음을 잡아주는 매듭 같은 장치가 필요할 것이다. 이와 같은 심리적 작용을 고우리 시인의 시편은 보여주고 있는 것이다.

생명을 품고 다시금 그것을 풀어놓을 수 있는 진정한 자유로움은 어디서 나오는가. 그것은 분명 마음의 끈을 어떻게 적절히 조절하며 긴장과 이완, 맺음과 풂의 작용을 내 안에서 어떻게 바로잡는가에 있다고 본다. 고우리 시인의 『푸른 달의 시선』은 내면적 자아의 시선일 것이다. 우리는 밤하늘에서 만나는 달빛의 시선을 통해 연결되어 있음을 느낀다. 그것은 보이지 않는 끈이 있다는 인식의 범주 안에서 밀고 당기는 정서적 교감을 통해 생의 절벽에서도 자유롭고 싶은 열망이다. 생명의 끈은 힘이 세다는 것을 보여주는 것이다.

푸른 달의 시선

찍은날 2020년 11월 15일
펴낸날 2020년 11월 20일
지은이 고우리
펴낸이 박몽구
펴낸곳 도서출판 시와문화
주　소 (13955) 경기 안양시 동안구 경수대로883번길 33,
　　　　103동 204호(비산동, 꿈에그린아파트)
전　화 (031)452-4992
E-mail poetpak@naver.com
등록번호 제2007-000005호(2007년 2월 13일)

ISBN   978-89-94833-65-1(03810)

정　가 12,000원

*본 도서는 충청남도, 충남문화재단의 후원으로 발간되었습니다.